START K.L.A.R.

Petra Bartoli y Eckert

DU BIST DOCH NUR SO EIN HAUPTSCHUL-ASSI!

Verlag an der Ruhr

START K.L.A.R.

Impressum

Titel
Du bist doch nur so ein Hauptschul-Assi!

Autorin
Petra Bartoli y Eckert

Titelbildmotiv
Stephan Lomp

Verlag an der Ruhr
Mülheim an der Ruhr
www.verlagruhr.de

Geeignet für Jugendliche ab 9 Jahre

ISBN 978-3-8346-0974-8

Printed in Germany

Vorwort

Bevor du dieses Buch liest, möchte ich mich kurz vorstellen.
Mein Name ist Petra Bartoli y Eckert. Ich bin 37 Jahre alt und von Beruf Schriftstellerin. Vorher habe ich in einem Kinderheim gearbeitet. Die Kinder dort hatten häufig Schwierigkeiten, und ihre Eltern konnten sich manchmal nicht so gut um sie kümmern. Oft hatten sie auch Probleme in der Schule. Das Lernen fällt nämlich nicht jedem leicht. Dann ist ein Wechsel nach der Grundschule auf eine Realschule oder aufs Gymnasium nicht möglich. Viele Schüler finden das echt blöd. Aber ich meine, auch die Schüler an den Hauptschulen müssen viel leisten. Egal in welche Schule du gehst:
Gib dein Bestes. Suche dir echte Freunde.
Und setze dir Ziele, die du schaffen möchtest.
Dann kannst du etwas erreichen. Und zwar als Schüler jeder Schulart!
Ich wünsche dir viel Spaß beim Lesen der Geschichte. Mir jedenfalls hat das Schreiben große Freude gemacht.

Herzliche Grüße
Petra Bartoli y Eckert

1

„Eine schöne Arbeit, Timo", sagte Herr Weidner. Er legte die Klassenarbeit vor Timo auf den Tisch. Eine Drei mit einem dicken Plus dahinter. Timo griff nach dem Blatt. So eine gute Note, noch dazu in Mathe, hatte er lange nicht mehr bekommen. Aber irgendwie konnte er sich nicht so recht freuen. Er steckte die Arbeit schnell in seine Schultasche. Dabei knickte sie an einer Ecke um.

„Blöde Hauptschule", murmelte Timo. Das verknitterte Blatt war ihm egal. Wenigstens würden Mama und Papa begeistert sein.

Timo ging seit diesem Sommer auf die Hauptschule. Eigentlich hieß sie „Schule am Wäldchen". Ein schöner Name für eine Schule, fand Mama. Doch Timo war der Name egal. Viel lieber als auf diese Waldschule wäre er auf die Realschule gegangen. Nur leider hatten die Noten für einen Wechsel dorthin nicht gereicht. In Mathe hatte Timo gerade noch eine Vier bekommen.

Und in den meisten anderen Fächern sah es nicht viel besser aus. Außer vielleicht in Deutsch, Timos Lieblingsfach. Wegen der Noten gab es auch im letzten Schuljahr häufig Streit zu Hause. „Jetzt streng dich doch etwas mehr an", hatte Mama fast täglich zu Timo gesagt. Dabei strengte sich Timo doch an! Aber es half einfach alles nichts. Obwohl er gut war in Deutsch, interessierten sich Mama und Papa nur für seine miesen Noten.

„So wirst du in der Hauptschule landen", nörgelte Papa ständig.

„Ja, ja", murmelte Timo und kickte mit seinem Fuß gegen den Küchenstuhl.

„Kann mir der gnädige Herr einmal zuhören? Immerhin geht es um deine Zukunft", blaffte sein Vater dann.

Timo hätte in diesen Momenten am liebsten losgebrüllt. Aber er biss sich meistens auf die Zunge.

„Hauptschüler – wenn ich nur daran denke. Stell dir bloß vor, was mit dem Abschluss aus dir werden soll. Einen richtigen Beruf kannst du dann vergessen. Wer nimmt denn heutzutage noch Hauptschüler?"

Immer wenn Papa loslegte, versuchte Timo, an etwas anderes zu denken. An sein neuestes Computerspiel oder an Schokoladeneis. Er stellte seine Ohren einfach auf Durchzug. War ihm scheißegal, was sein Vater da quatschte! Aber das stimmte natürlich nicht so ganz. Denn Hauptschule fand Timo ja eigentlich auch blöd. Aber was sollte er denn machen? In seinem Zeugnis stand nun einmal nur eine Zwei in Deutsch. Der Rest war schlechter. Damit konnte man nicht auf die Realschule wechseln. Nur Oma hatte Verständnis.
„Jetzt lasst den Jungen doch", meinte sie. „Er macht schon seinen Weg."
Das sollte wohl bedeuten, dass Oma die Hauptschule nichts ausmachte. Mama und Papa sahen das anders. Sie bekamen jedes Mal einen Anfall, wenn Timo eine Vier mit nach Hause brachte.
„Kannst du nicht endlich mal anfangen, zu lernen", motzte Mama.
Aber wenn Timo einen Blick in seine Mathehefte warf, sah er da nur ein Zahlen-Durcheinander. Er verstand einfach nicht, was sie zu bedeuten hatten. Und Papa konnte er danach auch nicht fragen. Der sagte nur: „Ich bin echt müde von der Arbeit. Lass mich jetzt einfach mal in Ruhe."

Papa arbeitete in einer großen Fabrik, in der Teile für Autos gemacht wurden. Und er musste dort schon anfangen, wenn Timo noch tief und fest schlief. Da war ja klar, dass Papa abends müde war. Und Timos Mama war immer genervt, wenn er sie um Hilfe bat.

„Mir hat früher auch niemand bei den Aufgaben geholfen. Ich hab' den Tag über schon genug zu tun. Pass in der Schule besser auf, dann verstehst du es schon", meinte sie.

Mama arbeitete in der Markthalle am Gemüsestand. Der hatte bis abends um acht geöffnet.

„Die Kunden machen oft Stress. Da könntest du wenigstens mal deine Sachen ohne großes Tamtam erledigen", meinte sie.

Aber das klappte einfach nicht. Und dann gab es eben wieder Ärger. Erst schimpften Mama und Papa mit Timo. Dann fingen sie an, sich gegenseitig die Schuld für Timos schlechte Noten in die Schuhe zu schieben.

Als ob Timo nicht schon selbst enttäuscht genug gewesen wäre. Meistens kamen Mama und Papa irgendwann so richtig in Fahrt und stritten lautstark weiter. Wenn das passierte, schlich Timo dann einfach ins Bett und zog sich die Decke über den Kopf.

Auch Timo wollte unbedingt auf die Realschule. Obwohl die nur Realschule hieß und keinen besonderen Namen hatte. Denn dorthin ging auch Nico. Und der war Timos bester Freund. Vor einem halben Jahr hatte Nico ihm strahlend erzählt, dass er die Realschul-Empfehlung in der Tasche hatte. Da musste Timo sogar ein bisschen heulen. Aber nur ganz heimlich, damit Nico es nicht sah.
„Macht doch nichts. Wir sehen uns trotzdem jeden Tag", versprach Nico.
Er hatte sehr wohl gemerkt, wie traurig Timo war. Dann hatte Nico seinen Arm um Timos Schultern gelegt. So wie ein echter Kumpel. Einer, der auch zum anderen hält, wenn mal was schiefläuft.
Die beiden waren schon im Kindergarten Freunde gewesen. In der Grundschule saßen sie immer nebeneinander. Sie trafen sich letztes Schuljahr auch beinahe an jedem Nachmittag. Sie spielten am Computer oder guckten eine DVD an. Manchmal hatte Nico sogar versucht, Timo die Matheaufgaben zu erklären. Aber wie er sich auch bemühte, Timo verstand bei ihm genauso wenig wie bei seinem Lehrer.
Auch in derselben Fußballmannschaft spielten Timo und Nico. Nämlich in der D-Jugend beim

FC Grossbach. Timo war der beste Stürmer in der Mannschaft. Nico stand im Tor. Und jeden Freitag war Training. Darauf freute sich Timo immer schon die ganze Woche.
Aber heute war Montag. Da musste Timo bis zum nächsten Kicken noch etwas Geduld haben. Dafür wollte er heute Nachmittag mit Nico Computer spielen. Das hatten sie gestern schon fest ausgemacht.

Z

„Wir machen jetzt Schluss für heute. Denkt an die Hausaufgaben", verabschiedete sich Herr Weidner. Alle Schüler stopften ihre Hefte und Mäppchen in die Taschen. Kadir stupste Timo an. Seit vier Wochen teilten sie sich nun eine Bank in der neuen Klasse. Eigentlich war Kadir ganz nett. Aber irgendwie hatte Timo keine Lust, ihn näher kennenzulernen.

„Hey, lass los!", brüllte Ahmed. Von vorne war ein Rumpeln zu hören. Timo blickte auf. Philip hatte Ahmed in den Schwitzkasten genommen und dabei einen Stuhl umgeschmissen.
„Hört sofort auf. Sonst könnt ihr gleich euren Nachmittag mit einer Zusatzaufgabe verbringen!", mischte sich Herr Weidner ein. Er zog an Philips Schulter. Timo schüttelte den Kopf. Ihm war es eigentlich völlig egal, was die Typen aus seiner Klasse machten. Er konnte hier sowieso keinen richtig leiden. Mit Philip hatte er gleich am ersten Schultag nach den Ferien Ärger.

„Was glotzt du so blöd? Willst du eine aufs Maul?", hatte er ihm zugezischt. Und dabei hatte sich Timo nur nach einem Sitzplatz im neuen Klassenzimmer umgesehen. Ahmed war einer, der immer cool tat. Und in der Pause brüllte er dann über den ganzen Schulhof: „Ey, ich hab' schon wieder 'ne Fünf."
Als ob das was zum Angeben wäre! Und die Mädchen standen immer nur in kleinen Gruppen zusammen und kicherten blöd.
Aber Timo wollte natürlich sowieso nichts mit den Mädchen zu tun haben.
Er wollte mit niemandem zu tun haben.
Ihm reichte es schon, dass die Lehrer hier an der Schule alle ziemlich streng waren. „Gleich gibt's einen Verweis", meckerte Frau Bogner in Englisch bestimmt zweimal in jeder Stunde. Darum konnte er sich wahrscheinlich ihren Namen auch so gut merken. Aber weil er in beinahe jedem Fach einen anderen Lehrer hatte, brachte er sie zu Anfang immer durcheinander. Und dann die vielen neuen Fächer und Stunden! Das war echt ziemlich stressig, fand Timo.

Plötzlich tippte ihm jemand auf die Schulter. „Was ist los? Willst du hier in der Schule Wurzeln

schlagen?“, fragte Kadir. Er hatte sich schon seinen Rucksack auf den Rücken geschnallt. Timo schüttelte den Kopf. Er ließ sich Zeit. Er wollte nicht wie die anderen aus seiner Klasse an der Tür drängeln. Die konnten alle nicht schnell genug draußen sein, um dann einen guten Platz im Bus zu bekommen. Aber darüber brauchte sich Timo keine Sorgen zu machen. Er musste sich nicht beeilen. Schließlich würde ihm Nico wie immer einen Platz freihalten. Die Hauptschule und die Realschule lagen ganz nahe beieinander, und sie wohnten in der gleichen Gegend.

„Wenigstens fahren Nico und ich mit demselben Bus“, dachte Timo, als er endlich alles in seine Schultasche geräumt hatte. Die Rauferei zwischen Ahmed und Philip war längst vorbei.

Und Kadir war mittlerweile auch verschwunden.

Timo ging als letzter Schüler aus dem Klassenzimmer. Nur sein Lehrer war noch da.

So wie an den meisten Tagen bisher.

„Du hast es nicht gerade eilig“, stellte Herr Weidner fest. Er schloss die Tür hinter Timo.

„Bis morgen“, verabschiedete sich Timo schnell.

Er hatte keine Lust, seinem Lehrer etwas zu

erklären. Wenn er sich jetzt nicht doch beeilte, würde Herr Weidner bestimmt wieder mal Fragen stellen. Wie es ihm mittlerweile an der Schule gefällt. Ob er denn schon Freunde gefunden hat. Dann müsste Timo Nein sagen, wenn er ehrlich sein wollte. Aber das wollte er lieber nicht. Solche Fragen stellten zu Hause Papa und Mama genug. Er brauchte keine blöden neuen Freunde an der blöden Hauptschule. Er hatte ja Nico. Warum konnten sie ihn nicht einfach damit in Ruhe lassen?

„Hallo Timo, hierher!“, rief Nico ihm durch den ganzen Bus zu. Timo stand an der Eingangstür. Er blickte sich suchend um. Da sah er Nico aus der vorletzten Sitzreihe winken. Sein Freund hatte einen guten Platz ergattert. Rasch quetschte sich Timo an den anderen Schülern im Gang vorbei.
„Hey, kannst du nicht aufpassen? Muss ich mich von so einem Hosenscheißer anrempeln lassen?“
Ein älterer Schüler baute sich vor Timo auf. Mist, an dem kam er nicht so einfach vorbei.
„Arsch“, murmelte Timo.
„Was hast du gesagt?“, blaffte der Typ.

Timo machte sich ganz dünn. Dann versuchte er es noch einmal, sich an dem Großen vorbeizudrängeln.
„Jetzt lass den Kleinen doch mal durch, Fabian", sagte ein Mädchen. Sie saß in der Reihe neben Timo und lächelte ihm aufmunternd zu.
„Bist du die Retterin der ganzen Babys, oder was?", fragte dieser Fabian. Aber da hatte sich Timo schon vorbeigeschoben. Er flitzte zu den hinteren Reihen im Bus. Ob der große Junge noch etwas zu ihm sagte, konnte Timo nicht mehr hören. Das interessierte ihn auch nicht. Timo seufzte erleichtert auf. Dann ließ er sich auf den Sitz neben Nico fallen.

„Oh Mann, ist das ein Idiot", regte sich Nico auf. Dabei hatte Timo die Kommentare von diesem Fabian schon beinahe vergessen.
„Der geht auf meine Schule. Achte Klasse. Hängt immer mit Tim rum. Du weißt schon. Das ist der, der beim FC Grossbach in der B-Jugend spielt und ständig foult."
Timo nickte. Oft sah er sich mit Nico die Spiele der Älteren an. Da wusste er natürlich, wen Nico meinte. Naja, zum Glück hatte er sonst mit diesem Tim und seinem Freund Fabian nichts zu tun.

„Aber so doof können die beiden ja nicht sein. Immerhin haben sie es geschafft, auf die Realschule zu wechseln“, meinte Nico.
„Sag mal, spinnst du? Das hat doch damit nichts zu tun“, fauchte Timo. Er rückte ein Stück von Nico weg.
„Schon gut“, meinte Nico. Er hob abwehrend seine Hände in die Luft.
„Sehen wir uns nachher bei dir?“, fragte er Timo, um das Thema zu wechseln. „Du hast doch erzählt, dass deine Oma dir FIFA 12 geschenkt hat. Das müssen wir unbedingt spielen.“
Timo zuckte mit seinen Schultern.
„He, jetzt sei doch nicht gleich beleidigt. Hast du das Spiel schon ausprobiert?“, wollte Nico wissen.
Jetzt musste Timo doch grinsen.
„Klar! Ich hab’ das erste Match als Trainer vom FC Barcelona gespielt. Und gegen Real Madrid 3:1 gewonnen.“
„Cool, Mann! Ich beeil’ mich mit den Hausaufgaben. Dann kann ich bestimmt um halb vier bei dir sein. Fahr schon mal den Computer hoch, und lass die Spieler warmlaufen“, erwiderte Nico.
Timo lehnte sich zufrieden in seinem Sitz zurück. Oft hatten sie in den letzten Wochen keine Zeit

gefunden, um sich zu verabreden. Immer wieder hatte Nico gemeint, er müsse lernen. Aber heute würde es klappen. Er freute sich schon sehr auf den Nachmittag mit Nico.

3

Timo schloss die Wohnungstür auf und machte einen Schritt in den Flur.
„Hallo, mein Großer. Na, wie war dein Schultag? Hast du viele Hausaufgaben auf? Gibt es etwas Neues?“, begrüßte ihn seine Mutter und steckte ihren Kopf aus der Küchentür.
Wieso musste Mama ihn immer gleich mit so vielen Fragen überfallen? Timo zog die Wohnungstür hinter sich zu und schleuderte seine Schultasche auf den Boden.
Seine Mutter runzelte die Stirn.
„Ich hab' dir doch schon tausend Mal gesagt, dass du deine Tasche ordentlich in dein Zimmer neben den Schreibtisch stellen sollst“, seufzte sie.
Ja, ja. Bestimmt reichten tausend Mal gar nicht. Aber Timo hatte seiner Mutter auch schon genauso oft erklärt, dass ihre ständigen Fragen nervten. Und hielt sie sich vielleicht daran?
Timo schnupperte, während er die Schultasche mit dem Fuß aufstellte und in die Ecke schob.
„Lasagne?“, fragte er hoffnungsvoll.

Mama war bereits wieder in der Küche verschwunden.
„Stimmt", rief sie in Richtung Flur.
„Aber jetzt beeil dich. Ich muss in zehn Minuten los. Muss heute früher am Gemüsestand anfangen."

Timos Magen knurrte als Antwort. Ihm fiel ein, dass er auch eine gute Überraschung für Mama hatte. Schnell kramte er die Mathearbeit aus seiner Schultasche. Er ging grinsend in die Küche und legte das Blatt auf den Esstisch direkt auf Mamas Teller.
„Eine kleine Vorspeise", murmelte er. Dann setzte er sich an den Tisch und verschränkte die Arme.
Seine Mutter wischte sich die Hände an ihrer Jeans ab und drehte sich neugierig um. Sofort sah sie die Arbeit mit der roten Drei.
„Mensch, Timo! Das ist ja wunderbar! Schade eigentlich, dass das ein Jahr zu spät kommt.
Ich hätte mir echt gewünscht, dass du schon früher solchen Einsatz zeigst. Dann wäre dir die Hauptschule erspart geblieben", meinte Mama.
Sie runzelte ihre Stirn.
Das war nicht gerade der Satz, den Timo hören wollte.

Hatte sie denn immer noch nicht kapiert, dass er auch viel lieber auf die Realschule gehen würde? Timo sprang auf. Dabei flog sein Stuhl nach hinten und krachte auf den Boden. Mama seufzte.
„Jetzt raste doch nicht gleich aus."
Sie warf einen Blick auf die Uhr.
„Mist, ich muss los. Die Lasagne ist gleich fertig. Die musst du jetzt alleine essen. Mach deine Hausaufgaben, und häng nicht wieder den gesamten Nachmittag vor dem Computer, hörst du?"
Mama stand auf und hetzte in den Flur.
Timo atmete lautstark aus. Wie es ihm an der Schule am Wäldchen ging, interessierte hier ja wohl keinen. Die Uhr am Herd piepste.
„Die Lasagne ist fertig", rief Mama.
Als ob er das nicht selber gemerkt hätte!
Dann hörte Timo, wie die Wohnungstür ins Schloss fiel.
Er ging zum Herd und schaltete ihn ab. Dann hob er den Stuhl auf und setzte sich wieder. Irgendwie war Timo der Appetit gerade vergangen.

Das Telefon klingelte nun schon zum fünften Mal. Aber als Timo endlich abhob, war nur

noch ein Tuten zu hören. Aufgelegt. Auch gut. Wenn jemand etwas Dringendes wollte, würde er es wieder probieren. Timo schlurfte vom Flur zurück zum Schreibtisch in seinem Zimmer. Er ließ sich auf den Stuhl plumpsen und klappte seinen Block zu. Sein Deutschheft hatte er nicht finden können. Vermutlich lag es in der Schule unter der Bank. Aber Herr Weidner war es sicherlich egal, in welchem Heft die Aufgaben standen. Erledigt war erledigt, fand Timo. Endlich fertig mit den Hausaufgaben!

Timo sah auf seine Armbanduhr. Halb vier. Jeden Moment würde Nico kommen. Timo ging ins Wohnzimmer. Dort stand der Computer. Er selbst hatte keinen im Zimmer, was er ziemlich blöd fand. Aber seine Eltern ließen sich da einfach nicht erweichen. Papa sagte immer: „Wer zu lange am Computer sitzt, wird dämlich." Darum durfte er eigentlich nicht länger als eine Stunde am Tag spielen. Aber daran hielt sich Timo meistens nicht. Wenn Mama und Papa nachmittags bei der Arbeit waren, merkten sie ja sowieso nicht, wie lange er am PC saß. Trotzdem hätte Timo gerne einen eigenen Computer. So wie Nico. Der hatte einen PC in

seinem Zimmer. Und er war ziemlich schlau. Nico ging immerhin auf die Realschule. An der Begründung seiner Eltern konnte also etwas nicht stimmen. Manchmal redeten die Erwachsenen echten Schwachsinn!
Timo schaltete das Gerät an. Sofort begann es, brummend hochzufahren.
Das Ticken der Wohnzimmeruhr war nur noch ganz leise zu hören. Timo warf einen Blick darauf. Viertel vor vier. Sonst war Nico immer sehr pünktlich. Besonders wenn es um Fußball oder Computerspiele ging. Und heute ging es sogar um beides.

4

Timo trommelte mit seinen Fingern ungeduldig auf die Platte des Computertisches. Vier Uhr und von Nico keine Spur. Als die Wohnungsglocke schrill bimmelte, wurde Timo aus seinen Gedanken gerissen. Er sprang auf, lief zur Tür und riss sie schwungvoll auf.
„Wo bleibst du denn?", fragte Timo, bevor die Tür ganz offen war.
„Wieso? Hast du schon auf mich gewartet?", fragte eine Stimme, mit der er ganz und gar nicht gerechnet hatte. Vor ihm stand Kadir aus seiner Klasse und grinste ihn an.
„Hier", sagte Kadir. Er hielt Timo ein Heft unter die Nase.
„Hast du dein Deutschheft gar nicht vermisst? Ich habe es aus Versehen eingesteckt."
Timo starrte Kadir verblüfft an. Dann fand er endlich seine Sprache wieder.
„Oh, danke. Ich dachte, das Heft liegt noch in der Schule."
Timo nahm Kadir das Heft aus der Hand. Er trat von einem Fuß auf den anderen.

„Also dann, danke nochmal", stotterte Timo. Kadir bewegte sich nicht. „Kann ich reinkommen?", fragte er, statt einfach wieder zu gehen. „Wir könnten doch was zusammen machen. Ich bin mit dem ganzen Schulkram fertig."

Timo zuckte mit den Schultern. Eigentlich wartete er ja auf Nico. Aber der war immer noch nicht da. Kadir sah ihn abwartend an. Wieder zuckte Timo mit den Schultern.

„Ich wollte gerade FIFA auf dem Computer spielen. Kannst ja auch mitspielen, wenn du willst", entschied Timo. Zu zweit machte es ja wirklich mehr Spaß.

Kadir folgte Timo ins Wohnzimmer. Timo holte einen zweiten Stuhl aus der Zimmerecke und zog ihn zum Computer. Kadir warf einen Blick auf den Bildschirm.

„Cool. Das Spiel da habe ich auch zu Hause. Aber für Playstation. Ist wirklich erste Sahne", sagte er erfreut.

Timo lächelte. Wenn Kadir ein Fachmann bei FIFA war, konnte der Nachmittag vielleicht wirklich ganz nett werden.

Um fünf Uhr klingelte das Telefon wieder. Timo warf Kadir einen genervten Blick zu.

Sie waren gerade mitten in einem Match. Aber manchmal rief Mama von der Arbeit aus an. Und deshalb sollte Timo sich diesmal beeilen, ranzugehen. Er stand auf und ging in den Flur. Dort stand die Station des Telefons.

„Timo Uhlstein, hallo?", meldete sich Timo.

„Hallo, hier ist Nico. Bestimmt hast du gemerkt, dass ich heute doch nicht kommen kann."

„Mann, es ist fünf. Was soll das denn? Du wolltest um halb vier hier sein", antwortete Timo ärgerlich.

„Ja, stimmt. Aber ich musste noch für die Englisch-Klassenarbeit lernen. Meine Mutter hat da nicht mit sich verhandeln lassen."

„Prima, dass dir das jetzt einfällt", meinte Timo gereizt.

„Ich hab' dir doch eine SMS geschrieben. Schon vor zwei Stunden."

Timo zog sein Handy aus der Hosentasche. Der Akku war leer. Egal. Nico hatte trotzdem versprochen, heute zu kommen. Timo sagte gar nichts.

„Und ich hatte versucht, dich anzurufen. Bei euch ging nur niemand ans Telefon", versuchte Nico weiter, zu erklären.

„Tja, Pech gehabt", maulte Timo in den Telefonhörer.

Die Entschuldigungen von Nico waren ihm echt egal.
„Morgen hab' ich übrigens auch keine Zeit, weil ich für Mathe lernen muss", meinte Nico zerknirscht.
„Aha, bist du jetzt ein Streber geworden?", fragte Timo genervt.
„Sag mal, spinnst du? So toll ist dein FIFA auch wieder nicht. Spiel doch dein Babyspiel alleine", blaffte Nico. Auch er war jetzt eindeutig sauer.
„Mach ich, keine Angst", keifte Timo zurück. Heftig legte er auf.

In der Grundschule hatte Nico immer Zeit gehabt, um sich mit Timo zum Spielen zu treffen. Aber jetzt behauptete er ständig, dass er lernen müsste. Letzte Woche hatte er auch schon zweimal abgesagt. Der schlaue Realschüler, haha.
Bestimmt war das Lernen nur eine blöde Ausrede. Immerhin hatten sie heute Mittag im Bus noch über das Treffen gesprochen. Da hätte Nico doch schon wissen müssen, dass er für die Klassenarbeit lernen muss. Wütend trat Timo mit dem Fuß gegen die Tür, als er wieder ins Wohnzimmer ging.

„War echt cool, mit dir zu spielen. Aber jetzt muss ich wieder nach Hause“, sagte Kadir, als Timo näher kam. Er stand auf.
„Wir sehen uns morgen in der Schule.
Bis dann“, verabschiedete sich Kadir.
„Mhm“, murmelte Timo. Er war mit seinen Gedanken immer noch bei dem Telefongespräch von eben. Einen Augenblick später fiel die Wohnungstür ins Schloss. Da bemerkte Timo erst so richtig, dass Kadir gegangen war.

Den Rest des Tages war Timo durcheinander. Natürlich war der Nachmittag mit Kadir wirklich schön gewesen. Der war echt in Ordnung. Vielleicht konnten sie sich ja wieder einmal zum Spielen verabreden.
Aber dafür ärgerte sich Timo über Nico. Erst hält er Realschüler im Bus für was Besseres. Und jetzt tut er auch noch so, als seien alle Hauptschüler blöd. Das machte Timo ziemlich wütend.
„Zieh nicht so ein Gesicht. Das kann ich jetzt gar nicht gebrauchen. Auf der Arbeit hat der Chef schon ständig genervt“, meckerte Papa, als sie gemeinsam beim Abendessen saßen. Bevor Timo etwas sagen konnte, ging die Küchentür auf. Mama kam herein.

„Hallo, ich konnte etwas früher Schluss machen“, meinte sie.
„Aber jetzt reicht’s mir für heute.“
Sie ließ sich auf einen Stuhl fallen und griff nach dem Brotkorb.
Na toll! Timo reichte es auch.
„Ich bin satt“, knurrte er. Timo schmiss Gabel und Messer auf den Tisch und stand auf.
„Timo!“, rief Mama streng.
„Ach, lass ihn doch“, meinte Papa.
„Dem ist eben eine Laus über die Leber gelaufen. Der beruhigt sich schon wieder.“
Timo rannte in sein Zimmer und legte sich aufs Bett. Dann griff er nach dem Kopfkissen und boxte wie wild darauf ein. Scheiß Nico! Timo biss die Zähne zusammen, als er an ihn dachte. Und sich erinnerte, dass er Nico morgen früh im Bus wieder begegnen würde.

5

„Denk dran, dass ich dich nachher von der Schule abhole. Ich habe heute Nachmittag frei. Wir fahren dann gleich weiter zu Oma. Viel Spaß in der Schule“, verabschiedete sich Mama am Morgen von Timo.
Die hatte Nerven! Als ob Timo im Moment keine anderen Sorgen hätte. Und unter Spaß verstand er auch etwas anderes, als sechs Stunden in der Schule zu sitzen.
Außerdem war es an der Schule am Wäldchen sowieso meistens alles andere als lustig. Vor ein paar Tagen hatte Herr Weidner einem Schüler aus der Achten ein Springmesser abgenommen. Und vor der Stunde hatte es dann wieder eine kleine Schlägerei zwischen Philip und Ahmed gegeben – wie fast jeden Tag. Ahmed hatte daraufhin im Unterricht vor sich hingemurmelt: „In diese Scheißschule geh' ich nicht länger. “

Bis jetzt war Ahmed zwar jeden Tag wieder gekommen. Aber die Idee, einfach blauzu-

machen, fand Timo nicht schlecht. Wenn man als Hauptschüler sowieso keine Chancen hatte, warum sollte man dann da hingehen? Doch wirklich die Schule zu schwänzen, hatte sich Timo bisher nicht getraut.
Er seufzte und gab seiner Mutter noch einen schnellen Kuss auf die Wange. Dann schlich er die Treppe nach unten. Dabei nahm er nicht wie sonst immer zwei Stufen auf einmal. Heute ließ er sich besonders viel Zeit. Vielleicht würde er ja den Bus verpassen.
Timo kickte ein paar Kieselsteine aus dem Weg. Als er schließlich an der Haltestelle ankam, standen alle Schüler noch wartend da.
„Hallo", rief Nico, als er Timo kommen sah. Timo machte seinen Mund auf. Aber es kam kein Ton heraus. Also presste er seine Lippen schnell wieder zusammen. Der Ärger von gestern war immer noch nicht verflogen. Und es war, als würde der ihm den Mund zuhalten. Stumm stellte er sich neben Nico.

„Sag mal, bist du immer noch sauer?", fragte Nico vorsichtig. Timo sagte keinen Pieps. Er hatte echt die Nase voll davon, dass Nico für ihn kaum noch Zeit hatte.

„Das musst du doch verstehen. Ich musste wirklich lernen. Immerhin sind die Klassenarbeiten an der Realschule echt schwer. Viel schwieriger als die Arbeiten in der – äh – Grundschule, meine ich."
Das war es also. Der schlaue Nico ging ja auf die Realschule. Und nicht in die Waldhauptschule.
„Wir haben einen total vollen Stundenplan. Und lauter verschiedene Lehrer. Und echt ziemlich viele Hausaufgaben", versuchte Nico, zu erklären.
„Hab' ich auch", murmelte Timo ärgerlich. Der dachte wohl, dass Hauptschüler den ganzen Tag nur Däumchen drehten.
„Aber das ist ja schon ein Unterschied. Ob man auf die Realschule oder eben auf die Hauptschule geht", redete Nico weiter.
„Mir doch egal!", schrie Timo.
Nico sah ihn verblüfft an. Aber er sagte nichts mehr.

Angestrengt versuchte Timo, an etwas anderes zu denken. Nur nicht an die Worte von Nico. Mit seinen Fußspitzen fing er an, Muster auf den Boden zu malen. Kreise. Zickzack. Blitze.

Mist! Timos Hals brannte vor Wut. Er drehte sich weg. Weg von Nico. Endlich hörte Timo ein brummendes Geräusch.

Der Bus fuhr vor und kam quietschend zum Stehen. Timo blickte immer noch nicht auf. Er wartete besser erst einmal ab, ob seine Beine ihm gehorchen würden. Denn am liebsten wäre er jetzt weggelaufen. Und auf keinen Fall in den Bus gestiegen.

Plötzlich hupte es. Erschrocken hob Timo seinen Kopf.

„Willst du nicht einsteigen?“, fragte der Busfahrer durch die offene Tür.

Timo sah sich um. Alle anderen Schüler waren bereits im Bus. Nur er stand als Einziger noch an der Haltestelle.

„Doch, schon“, nuschelte Timo. Er setzte vorsichtig einen Fuß vor den anderen. Klappte doch ganz gut.

„Träumst wohl noch, was? Hast du gestern zu lange gelesen oder ferngesehen?“, lachte der Busfahrer. Er drückte auf einen Knopf, und die Tür ging hinter Timo zu.

Er sah sich suchend um. Nico saß in der zweiten Reihe. Der Platz neben ihm war noch frei.

„Jetzt setz dich endlich, damit ich losfahren kann“, sagte der Busfahrer. Und dabei klang er

nicht mehr so lustig wie noch vor ein paar Augenblicken. Timo nickte hastig und setzte sich vorsichtig neben Nico. Die beiden schwiegen sich an. Timo sah zur Bustür, und Nico starrte aus dem Fenster.

An der nächsten Haltestelle stiegen weitere Schüler ein. Timo hatte nie bemerkt, wer dort zustieg. Denn sonst hatte er immer mit Nico gequatscht. Über Fußball, Computer oder über andere Sachen. Aber heute konnte Timo genau sehen, wer die Treppe hochkam. Den letzten Fahrgast kannte er leider sehr gut. Es war dieser Fabian. Und natürlich setzte er sich genau in die Reihe gegenüber von Timo und Nico.
„Na, wen haben wir denn da? Bist du nicht der Drängler von gestern?", fragte Fabian und grinste böse. Timo versuchte, einfach nicht hinzuhören.
„Kannst du nicht sprechen? Ach ja, du gehst ja auf die Hauptschule. Dort lernt man wohl nicht, dass man antworten soll. Hab' ich glatt vergessen."
Fabian sah sich um. Er grinste dabei breit. Bestimmt wartete er darauf, dass andere gemeinsam mit ihm über den tollen Witz lachten.

Aber niemand interessierte sich für seine Worte. „Hey, Kleiner. Ich rede mit dir!", blaffte Fabian ihn jetzt an.
Timo drehte seinen Kopf in Nicos Richtung. Aber der schaute immer noch aus dem Fenster. Dabei war er doch Timos Freund.
„Mein Gott, sind diese Hauptschüler bescheuert."
„Stimmt, die haben nichts in der Birne. Darum werden die auch später alle arbeitslos", hörte Timo das Mädchen in der Sitzreihe vor ihm ihrer Freundin zuflüstern. Timo atmete langsam ein und aus. Seine Hände ballte er zu Fäusten. Am liebsten hätte er diesem Fabian mitten ins Gesicht geschlagen. Aber das traute er sich natürlich nicht. Darum presste Timo nur zornig seine Lippen zusammen und schwieg.
Fabian schüttelte den Kopf und suchte nach einer anderen Beschäftigung. Bis zur Haltestelle an den Schulen sprach er Timo nicht mehr an. Und Timo freute sich riesig, als der Bus endlich hielt. Noch nie hatte er sich so glücklich gefühlt, seine Schule zu sehen.
Er hatte es sehr eilig, auszusteigen. Auf keinen Fall wollte er Fabian noch einmal in die Quere kommen. Und auf Nico wollte er auch nicht warten. Auf den konnte er verzichten!

„Na, du Fußballprofi", begrüßte ihn Kadir, als Timo das Klassenzimmer betrat. „War gestern echt ein tolles Spiel an deinem PC."
Timo nickte vorsichtig. Dann setzte er sich erschöpft auf seinen Platz.
„Wollen wir uns mal bei mir treffen? Dann können wir auf meiner Playstation weiterspielen", fragte Kadir.
Timo überlegte. Im Augenblick hatte er zu nichts Lust. Aber Kadir war wirklich nett.
„Die nächsten Tage geht es bei mir nicht. Meine Tante kommt zu Besuch. Und morgen habe ich einen Termin beim Zahnarzt. Aber am Freitag habe ich Zeit", redete Kadir weiter.
Freitag? Nein, das ging auf keinen Fall. Da war Fußballtraining. Da konnte Timo nicht fehlen. Da ging er doch immer mit Nico hin. Aber im Moment hatte er echt keine Lust darauf, Nico zu begegnen. Sollte er lieber das Training sausen lassen? Timo wusste nicht so recht, wie er sich entscheiden sollte.
„Ich muss zu Hause erst nachfragen, ob es bei mir am Freitag geht", redete sich Timo heraus.
„In Ordnung. Kannst mir ja morgen Bescheid geben", antwortete Kadir.
„Meine Herren, könnt ihr bitte aufhören mit euren Gesprächen? Ich würde gerne mit dem

Unterricht beginnen“, unterbrach ihn die Stimme von Herrn Weidner. Timo hatte gar nicht bemerkt, dass der Lehrer den Raum betreten hatte. Kadir grinste ihn schief an und kramte dann sein Deutschheft aus der Schultasche. Jetzt musste Timo auch ein bisschen lächeln.

6

Die ersten Schulstunden fühlten sich an wie eine lahme Schnecke, die nicht vom Fleck kam. In der ersten Stunde schrieben sie ein Diktat. Obwohl Timo sonst immer gut in Rechtschreibung war, konnte er sich heute nicht konzentrieren. Mist! Bestimmt hatte er mindestens fünf Fehler gemacht.
Immer wieder musste Timo an Nico denken. Der Ärger über Nico nagte in seinem Bauch, als hätte ihm jemand in den Magen geboxt.
„Holt bitte eure Mathehefte heraus. Heute wollen wir uns mit ganz großen Zahlen beschäftigen. Und zwar bis zu einer Billion. Wer kann sich vorstellen, wie groß diese Zahl ist?", fragte Herr Weidner. Timo konnte sich gar keine Zahlen vorstellen. Egal wie groß oder klein sie waren. Darum hörte er im Matheunterricht immer nur mit halbem Ohr hin. Bis zur nächsten Klassenarbeit war ja noch Zeit. Timo war sehr erleichtert, als es endlich zur Pause läutete.

„Kommst du mit auf den Schulhof?“, fragte Kadir neben Timo. Bisher hatte er seine Pausen immer alleine verbracht. Er war ziellos über den Hof geschlendert. Dabei achtete er immer darauf, nicht zu nahe an den Treffpunkten der Älteren vorbeizugehen. Denn dort konnte man schnell Ärger bekommen. Auch wenn man gar nichts getan hatte. Er hatte schon einmal gesehen, wie die Großen einen Schüler aus der Sechs herumschubsten.

Ob er heute die Zeit gemeinsam mit Kadir verbringen sollte? Timo überlegte. Natürlich war es schöner, zu zweit herumzuwandern. Aber Timo wollte mit seiner schlechten Laune eigentlich lieber alleine sein. Ob es Nico auch so ging?

Da fiel Timo etwas ein. Die Realschüler hatten zur selben Zeit wie sie große Pause. Und die Schule lag wirklich nur ein paar Schritte entfernt. Da könnte er doch mal nachsehen, wie Nico seine Pause verbrachte.

Natürlich war es streng verboten, dass man während der Schulzeit das Gelände verließ. Aber darüber machte sich Timo im Moment keine großen Gedanken. Wer sollte schon merken, dass er sich kurz wegschlich?

Timo schielte zu Kadir.

„Ich komme nicht mit. Ich muss dringend noch ins Sekretariat. Meine Mutter hat gesagt, ich soll neue Krankmeldezettel holen“, log Timo. Ein bisschen schlechtes Gewissen hatte er schon dabei.
„Soll ich mitkommen?“, fragte Kadir.
„Nein!“, rief Timo entsetzt. Aber dann fügte er ruhig hinzu: „Ich komm' dann einfach auf den Schulhof nach, wenn ich die Zettel habe.“
Kadir gab sich damit zufrieden.

Timos Herz klopfte laut und schnell.
„Also los“, murmelte er. Er schlich sich hinter dem Schulgebäude entlang. Dort gab es ein kleines Tor, das direkt zu einem schmalen Fußweg führte. Er schlüpfte unbemerkt nach draußen. Dann rannte er den Weg entlang, so schnell es mit seinen zitternden Knien ging.
Vor sich konnte er schon die Realschule erkennen. Er konnte die Schüler auf dem Pausenhof lachen und reden hören. Hastig sah sich Timo um. Hinter dem Stückchen Mauer am Rand des Schulhofs konnte er sich gut verstecken. Er duckte sich und spähte durch einen Spalt hindurch.
Mann, waren das viele Schüler! Ob er Nico da überhaupt entdecken würde? Aber schon sah

er einen blonden Lockenkopf aus der hohen Eingangstür kommen. Mit dieser Frisur war Nico nicht zu übersehen. Neben ihm gingen zwei andere Jungen. Timo sah genauer hin. Er kannte keinen der beiden. Nico dagegen schien die zwei dafür umso besser zu kennen. Während die Jungen die Stufen zum Hof herunterhüpften, boxten sie sich lachend in die Seiten.

„Na, du hast ja gute Laune“, dachte Timo ärgerlich. Nico hatte also neue Freunde. Da brauchte er Timo natürlich nicht mehr. Alles klar. Er hatte genug gesehen.
Gerade wollte er sich umdrehen, um wieder zurück zu seiner eigenen Schule zu laufen.
Da traf sein Blick einen großen, dunkelhaarigen Schüler. Fabian! Erschrocken zog Timo den Kopf ein. Aber es war schon zu spät. Fabian hatte Timo entdeckt.
„Hey, was machst du denn hier?“, rief er quer über den Schulhof. Timo drehte sich ruckartig um. Er rannte los, so schnell er konnte. Keuchend kam er beim kleinen Tor an seiner Schule an. Sein Herz fühlte sich an wie eine ratternde Maschine. Wie durch einen dicken Nebel konnte er sehen, dass die letzten Schüler den Hof verließen.

Die Pause war zu Ende.
Schnell wischte sich Timo mit dem Ärmel seines Pullis den Schweiß von der Stirn. Er versuchte, ruhig zu atmen. Dann ging er als Letzter in das Schulgebäude. Und tat so, als wäre nichts gewesen.

In letzter Sekunde betrat Timo das Klassenzimmer. Frau Bogner saß schon vorne an ihrem Pult. Timo huschte zu seinem Platz. Frau Bogner warf ihm einen bösen Blick zu.
„Willst du einen Verweis für Zuspätkommen?", fragte sie ärgerlich. Timo schüttelte den Kopf. Er murmelte „'Tschuldigung" und ließ sich besonders leise auf seinen Stuhl gleiten.
„Hat aber lange gedauert, um die Zettel zu holen", flüsterte Kadir. Timo starrte ihn verwirrt an. Dann fiel ihm seine Notlüge wieder ein. Er nickte zögernd.
Er dachte an Nico. Und daran, wie viel Spaß der gerade in der Pause mit seinen neuen Freunden gehabt hatte. Ob Nico noch sein bester Freund war?
Timo fiel die Einladung von Kadir für Freitag wieder ein. Wenn Nico nicht mehr sein Freund war, dann konnte er das Training am Freitag

genauso gut ausfallen lassen. So würde er Nico wenigstens aus dem Weg gehen. Und Mama konnte er ja sagen, er hätte sich den Fuß vertreten.
„Ich komme am Freitag bei dir vorbei“, sagte Timo.
Kadir schielte verblüfft zu ihm.
„Ich dachte, du musst erst um Erlaubnis fragen? Hast du das jetzt in der Pause mit dem Handy gemacht?“, fragte Kadir.
Timo hatte sein Handy gar nicht in der Schule dabei. Außerdem war sein Akku immer noch nicht aufgeladen. Aber es war eine gute Ausrede.
Timo nickte.
„Gut, dann trainiere ich schon mal bis dahin“, grinste Kadir.
Dann drehten sich beide nach vorne. Es wäre nicht gut, Frau Bogner noch weiter zu reizen. Auf einen Verweis oder eine Strafarbeit hatten die beiden wirklich keine Lust.
Timo fiel ein, dass er heute von seiner Mutter abgeholt wurde. Dann musste er Nico auf dem Heimweg nicht extra aus dem Weg gehen.
Darüber war er so erleichtert, dass er bei Frau Bogner in Englisch besonders gut aufpasste.
Konnte ja nicht schaden.

7

Timos Mutter stand am Schulparkplatz neben ihrem Auto. Dabei winkte sie mit ihren Armen hoch in der Luft.
„Hallo Timo. Kommst du?“, rief sie. Einige Schüler drehten sich um. Timo hätte sie auch ohne das Geschrei entdeckt.
„Oh Mann, ist das peinlich“, seufzte Timo. Kadir ging neben ihm und grinste. Er war gemeinsam mit Timo aus dem Schulgebäude gekommen.
„Da hättest du auch bis heute Mittag mit dem Fragen warten können“, stellte Kadir fest. Timo runzelte die Stirn. Er verstand kein Wort.
„Na, wenn deine Mutter dich sowieso abholt, hättest du sie nicht extra mit dem Handy anrufen müssen.“
Langsam dämmerte es Timo.
„Ach so, wegen Freitag meinst du. Ja, natürlich. Aber ich dachte, sonst vergesse ich es noch.“
Timos Ohren wurden rot. Das hatte er jetzt davon. Wenn man einmal mit dem Schwindeln anfing, musste man höllisch aufpassen, sich nicht doch noch zu verraten.

„Eine Lüge bringt häufig Nachwuchs mit“, sagte seine Oma immer. Daran musste Timo jetzt denken. Stimmte wirklich. Timo nahm sich vor, ab jetzt nicht mehr zu schwindeln. Mittlerweile waren die beiden beim Auto angekommen.

„Na, wer ist denn das?“, fragte Mama.
Sie musterte Kadir neugierig.
„Kadir“, stellte der sich vor.
„Ich gehe mit Timo in dieselbe Klasse“, erklärte er.
„Ah, dein neuer Freund, was?“, zwinkerte Mama Timo zu.
Mann, noch peinlicher ging es ja wohl kaum. Timo rollte mit den Augen. Aber das beachtete seine Mutter gar nicht. Stattdessen schlug sie gut gelaunt vor: „Sollen wir Nico mitnehmen? Wir können ihn an der Albertstraße rauslassen. Dann muss er nicht auf den Bus warten.“
„Nein, auf keinen Fall“, antwortete Timo wie aus der Pistole geschossen.
„Sag mal, was ist denn los?“, wollte Mama wissen. Sie sah Timo prüfend an.
„Nichts. Nico hat heute Nachmittagsunterricht“, erfand Timo darum eifrig eine Ausrede. Mist, schon wieder eine Lüge. Er wusste ganz genau, dass Nico heute genau wie er Schulschluss hatte.

„Willst du dann vielleicht ein Stück mit uns mitfahren?“ Mama sah Kadir fragend an.
„Gerne. Sie können mich auch an der Albertstraße aussteigen lassen. Von dort aus ist es nicht weit bis zum Vogelweg.“
Kadir freute sich über das Angebot. Aber Timo ärgerte sich. Nicht weil Kadir mitfahren durfte. Sondern weil Mama immer Entscheidungen für ihn traf. Sie hätte ihn ja auch mal fragen können, ob er gerne einen Freund mitnehmen möchte. Und wer war eigentlich sein Freund? Timo war sich da im Augenblick nicht sicher.

Der Nachmittag bei Oma verging rasend schnell. Wie immer gab es leckeren Kuchen zu essen. Und Oma hatte ein Fußballsticker-Album für Timo besorgt. Er fand es toll, dass seine Oma immer eine Überraschung für ihn hatte. Nur Mama seufzte jedes Mal.
„Du sollst den Jungen nicht so verwöhnen“, meinte sie dann.
Und Oma grinste Timo wie immer heimlich an.
Er grinste verstohlen zurück.
Seine Mama ging in die Küche.
„Gibt es was Neues aus der Schule bei dir?“, fragte Oma freundlich.

„Ist alles o.k.", meinte Timo. Er zerkrümelte dabei sein letztes Stückchen Kuchen.
„Wie sind die anderen in deiner Klasse denn so?", fragte Oma weiter.
„Ziemliche Blödmänner", rutschte es Timo heraus.
Oma sah ihn lange an. Dann nickte sie nachdenklich.
„Ja, in der Grundschule hattest du Nico als besten Freund. Es ist nicht einfach, wenn Freunde verschiedene Wege gehen", sagte sie.
Timo sah sie fragend an.
„Aber wir haben immer noch den gleichen Schulweg", murmelte er.
„Ich meine, wenn Freunde plötzlich nicht mehr alles zusammen machen können. So wie du und Nico letztes Jahr", erklärte sie.
Mama kam mit einer Kanne Kaffee zurück.
Oma warf einen Blick auf Timo.
„Möchtest du noch ein Stück Kuchen?", fragte sie. Timo nickte.

„Ich spiele FIFA", murmelte Timo, als Mama und er die Wohnung betraten.
„Halt, halt. Erst mal sind deine Hausaufgaben an der Reihe", meckerte Mama.

Genervt schleuderte Timo seine Schuhe von den Füßen. Er schlurfte in sein Zimmer. Darauf hatte er jetzt echt keine Lust. Er knallte seine Schultasche neben den Schreibtisch. Timo holte langsam seine Hefte heraus. Wozu sollte er denn Hausaufgaben machen?
„Davon werde ich auch nicht klüger“, maulte Timo vor sich hin. Hausaufgaben machten einfach nur Arbeit. Reine Zeitverschwendung. In Mathe löste er die Aufgaben sowieso meistens auf gut Glück. Verstanden hatte er danach trotzdem oft nur die Hälfte.
Dann rief ihn seine Mutter zum Abendessen. Papa saß heute ausnahmsweise einmal gut gelaunt am Tisch. Er erzählte von seinem Arbeitstag und machte Witze über seinen vergesslichen Kollegen.
„Aber er ist eben mein Kumpel. Da kann man ihm die eine oder andere Macke schon mal verzeihen“, lachte Papa.

Nach dem Essen schlich sich Timo zum Telefon. Vielleicht sollte er Nico einfach mal anrufen. Sie könnten über alles noch einmal sprechen. Und dann könnte Timo ihm auch mal eine Macke verzeihen. Nicos Nummer kannte er auswendig.

Er wählte und drückte den Hörer fest an sein Ohr.
„Hallo, hier ist Timo. Kann ich bitte Nico sprechen?“, fragte Timo, als sich Nicos Vater meldete.
„Tut mir leid, Nico ist nicht da. An seiner Schule ist heute Abend ein Fußballturnier. Wusstest du das nicht? Er wollte dich eigentlich dazu einladen. Komisch. Hat er wohl vergessen.“
Timo ließ den Telefonhörer sinken und legte auf. Dann rannte er in sein Zimmer und schlug die Tür hinter sich zu.

8

Am nächsten Morgen stellte sich Timo an der Bushaltestelle an eine andere Seite als Nico. Es fiel ihm schwer, Nico so gar nicht zu beachten.
„Bist du sauer, oder was?“, fragte eine Stimme neben ihm. Timo hatte gar nicht gehört, dass Nico sich neben ihn gestellt hatte. Timo gab keine Antwort.
„Was soll das? Ich hab’ dir doch erklärt, dass ich keine Zeit hatte.“
„Aha. Und du hattest auch keine Zeit, als mich dieser blöde Fabian genervt hat. Und gestern Abend hattest du auch keine Zeit. Weil du ja ohne mich auf dein Fußballturnier gehen wolltest.“
Timo war wütend. Sehr wütend.
„Sag mal, spinnst du? *Du* spielst doch die ganze Zeit die beleidigte Leberwurst. Da hatte ich eben keine Lust, dich wegen des Fußballturnieres zu fragen. Du bist echt megablöd!“
Nico sah Timo ärgerlich an.
„Du findest also, dass ich blöd bin. Nur weil du jetzt auf die Realschule gehst. Bist du vielleicht etwas Besseres?“, fauchte Timo.

„Hast du noch alle Tassen im Schrank? Was soll der Scheiß denn?", blaffte Nico.
„Ich verstehe schon. Du hast jetzt neue Freunde. Dann geh doch zu deinen klugen Kumpels!", schrie Timo.
Es war ihm egal, ob die anderen Schüler an der Bushaltestelle nun alle zu ihm herüberstarrten. Und das taten sie.
Das spürte Timo genau in seinem Rücken.
„Denk doch, was du willst", flüsterte Nico.
Er tippte sich an die Stirn. Dann drehte er sich um und ließ Timo einfach stehen.

Timo war froh, als endlich der Bus vor ihm hielt. Schnell stieg er ein. Er suchte sich einen einzelnen Platz.
Als sie endlich bei den Schulen angekommen waren, machte sich Timo genau wie gestern schnell auf den Weg. Ohne sich noch einmal umzudrehen. An der Abzweigung zur Realschule kamen ihm einige ältere Schülerinnen entgegen. Sie suchten nach ihren Freunden.
„Das müsst ihr euch ansehen!", rief ein Mädchen ihren Freundinnen entgegen.
„Was ist denn los?", wollte eine Schülerin wissen, die gerade neben Timo ankam.

„An der Wand neben dem Eingang ist eine voll krasse Schmiererei."
„Echt? Ein Graffiti, oder was?"
Timo ging weiter. Ihn interessierten die Neuigkeiten aus der Realschule kein bisschen.
„Nein, ein blöder Spruch", hörte Timo das Mädchen aufgeregt sagen. „Der Hausmeister ist schon ganz rot im Gesicht vor Ärger."
Obwohl Timo nun schon einige Meter entfernt war, konnte er das Gespräch der Mädchen immer noch deutlich hören. Kein Wunder, denn ihre Stimmen klangen laut und schrill.
„Da hat so ein Penner ‚Realschüler sind dämlich' an die Wand geschrieben. Möchte bloß wissen, welcher Idiot sich so eine Frechheit erlaubt."
„Das war bestimmt ein Hauptschüler. Die lassen sich doch ständig solche kriminellen Sachen einfallen."
„Stimmt. Die verkaufen Drogen und so."
„Meine Mutter meint, von denen landen später bestimmt einige im Knast."
Timo zuckte zusammen und blieb stehen.
„So ein Quatsch", dachte er ärgerlich. Er jedenfalls hatte an seiner Schule noch keinen echten Kriminellen gesehen. Naja, es gab schon immer mal wieder Schlägereien. Und vor zwei Wochen wurde an der Schule im Wäldchen nachts

eingebrochen. Angeblich hatten Schüler aus dem Lehrerzimmer ein Notebook geklaut. Aber deshalb waren doch nicht alle Hauptschüler Verbrecher! Die beiden Mädchen hatten doch nicht alle Tassen im Schrank!
„Dieser bescheuerte Hauptschüler hat das Wort ‚dämlich' auch noch völlig falsch geschrieben. Mit einem ‚h' in der Mitte!"
Die Mädchen prusteten los. Timo ging wieder schneller. Diese Sache konnte ihm eigentlich wirklich egal sein.

Als es an diesem Vormittag zur Pause läutete, hatte Timo das Gespräch der Mädchen am Morgen schon längst vergessen. Er wollte heute gemeinsam mit Kadir seine Pause verbringen.
„Gehen wir zu den Tischtennisplatten?", schlug Kadir vor. Timo nickte. Vielleicht konnten sie sogar zwei Schläger bekommen, die der Sportlehrer in der Pause immer für die Schüler dorthin legte. Als Timo und Kadir gerade den langen Flur entlangliefen, hörten sie eine Durchsage.
„Timo Uhlstein, bitte zum Schulleiter kommen. Ich wiederhole: Timo Uhlstein, bitte sofort zum Schulleiter."

Was? Timo traute seinen Ohren nicht. Er blieb wie vom Blitz getroffen stehen.
„Was will denn Herr Schönstein von dir?“, fragte Kadir verblüfft.
„Keine Ahnung“, antwortete Timo.
„Hast du was ausgefressen?“
Timo grübelte. Aber ihm fiel nichts ein. Ratlos schüttelte er den Kopf.
„Ich komme mit und warte vor der Tür auf dich. Kann ja nicht lange dauern“, schlug Kadir vor.
Zu zweit machten sie wieder kehrt. Sie gingen über die breite Treppe hoch in den ersten Stock, wo sich das Lehrerzimmer und das Büro von Herrn Schönstein befanden. Zaghaft klopfte Timo an die Tür.
„Herein!“, forderte ihn eine feste, tiefe Stimme auf. Unsicher warf Timo einen Blick auf Kadir. Dann öffnete er die Tür des Rektors.

9

„Wo warst du gestern während der Pause?", fragte Herr Schönstein nun schon zum dritten Mal. Timo bekam keinen Ton heraus. Dafür sprach sein Gesicht vermutlich für sich. Er hatte knallrote Wangen. Das konnte er genau spüren. Dazu musste Timo nicht in den Spiegel sehen.

„Na gut, dann will ich es dir sagen. Du hast gestern unerlaubt das Schulgelände während der Pause verlassen. Dann bist du zur Realschule hinübergegangen und hast dort herumgestanden."

Herr Schönstein sah Timo streng an.

„Es bringt dir jetzt auch nichts, mich anzulügen. Denn du bist gesehen worden. Und dann hast du auch noch die Wand des Schulgebäudes beschmiert."

„Was?", fragte Timo entsetzt. Natürlich stimmte das mit der Pause. Aber was hatte der Schulleiter am Schluss gesagt? Timo musste sich verhört haben.

„Du hast mich schon richtig verstanden. An der Realschulwand hat jemand den Spruch

‚Realschüler sind dämlich' gesprüht. Gib endlich zu, dass du das warst."

Timo schüttelte wie verrückt seinen Kopf.

„Aber du warst doch am Schulhof der Realschule und hast herumspioniert?", fragte Herr Schönstein.

„Ja. Ich meine, nein", stotterte Timo. Jetzt musste er Herrn Schönstein wohl die Wahrheit sagen. Und der Schulleiter musste ihm dann glauben, dass er mit der Schmiererei nichts zu tun hatte.

Timo nahm allen Mut zusammen.

Er merkte, dass er einen riesigen Kloß im Hals hatte. Er schluckte schwer.

„Ich bin gestern doch nur in der Pause zur anderen Schule gegangen, um meinen Freund zu sehen. Aber wir sind jetzt keine Freunde mehr. Und ich habe nicht herumspioniert."

Herr Schönstein sah Timo aufmerksam an.

„Tja, Timo, da helfen dir jetzt deine Erklärungen nicht weiter. Es geht hier ja nicht nur um das unerlaubte Verschwinden in der Pause. Zwei Schüler aus der Realschule haben sich nämlich erinnert. Sie haben dich zuerst am Pausenhof ihrer Schule gesehen. Und am Abend haben sie dich dann heimlich noch einmal beobachtet.

Als du den Spruch an die Wand gesprüht hast. Und das haben sie dann ihrem Hausmeister gemeldet. Was fällt dir eigentlich ein?"
Herrn Schönsteins Stimme klang bedrohlich.
„Das ist Sachbeschädigung. Der Hausmeister der Realschule könnte dich dafür bei der Polizei anzeigen. Ich muss auf alle Fälle deine Eltern zu einem Gespräch bitten. Und du musst die Reinigungskosten für die Schulhauswand übernehmen. Ich rufe später deine Eltern an. Und um eine Klassenkonferenz wirst du wohl nicht herumkommen."
„Ich habe keine Wand beschmiert. Ehrlich nicht!"
Flehend sah Timo den Schulleiter an.
„Aber du bist eindeutig erkannt worden. Und deine Lügen machen es auch nicht besser. Ich erwarte deine Eltern morgen nach der Schule in meinem Büro. Ob der Hausmeister der Realschule die Polizei benachrichtigt, soll er selbst entscheiden. Heute Nachmittag meldest du dich bei ihm. Den Weg kennst du ja."
Herr Schönstein sah ihn ärgerlich an.
Timo schluckte.
Warum wollte Herr Schönstein einfach nicht glauben, dass er mit dem Spruch an der Wand nichts zu tun hatte?

„Ich denke, dabei belassen wir es für den Moment. Morgen frage ich bei Hausmeister Reuter nach. Dann möchte ich dich nochmal sprechen. Gemeinsam mit deinen Eltern. Also, bis morgen nach Schulschluss. Wir sehen uns hier in meinem Büro. Du kannst jetzt gehen."
Timo zog den Kopf ein und verließ den Raum.

10

„Wie war es?“, wollte Kadir wissen. Aber Timo war jetzt nicht zum Sprechen zu Mute. Er ließ Kadir einfach stehen und ging zu den Toiletten. Dort sperrte er sich für den Rest der Pause in eine Kabine. Er konnte schlucken, so viel er wollte. Trotzdem rollten ihm Tränen über die Wangen. Oh Mann, wieso musste er jetzt auch noch heulen? Wütend schlug Timo mit der Faust gegen die Toilettentür. Was würden seine Eltern wohl dazu sagen? Wer hatte überhaupt gepetzt, dass er an der Realschule gewesen war? Und warum glaubte Herr Schönstein ihm nicht, dass er keine Wände beschmierte? Ob Nico dem Hausmeister seiner Schule Lügen über ihn erzählt hatte? Wer sollte sonst dem Hausmeister seinen Namen sagen können? Timo rieb sich verzweifelt über sein Gesicht.
Er wusste auf all diese Fragen keine Antwort.

Als es läutete, schlurfte Timo zu den Waschbecken. Er spritzte sich kaltes Wasser ins Gesicht.

Die anderen in seiner Klasse sollten auf keinen Fall sehen, dass er geheult hatte.
Timo ging mit hängenden Schultern ins Klassenzimmer. Kadir sah ihn fragend an, als er sich neben ihn setzte. Timo war sehr erleichtert, dass Herr Weidner gleich nach ihm ins Klassenzimmer kam. So konnte er den Fragen von Kadir entgehen.
Aus den Augenwinkeln sah er, dass Pauline mit ihrer Tischnachbarin tuschelte. Sie zeigte mit dem Finger auf ihn. Wer weiß, vielleicht hatte sich ja schon herumgesprochen, was Timo angeblich angestellt hatte. Hoffentlich war die Schule schnell aus. Dann könnte er nach Hause gehen und sich in seinem Zimmer vergraben. Ihm graute schon davor, sich beim Hausmeister der Realschule zu melden. Obwohl er gar nichts getan hatte. Und dann wollte Herr Schönstein sich noch bei seinen Eltern melden. Timo wurde richtig übel bei dem Gedanken daran.

Von seinem Nachhauseweg bekam Timo heute kaum etwas mit. Er starrte die ganze Zeit in Gedanken vor sich hin. Einige Male wurde er von anderen angerempelt, die gut gelaunt an ihm vorbeispazierten. Im Bus saß Timo alleine

in der hintersten Ecke. Beinahe hätte er verpasst, an seiner Haltestelle auszusteigen.
Beim Mittagessen sagte Timo kein Wort. Immer wieder spähte er aus den Augenwinkeln zu seiner Mutter hinüber. Anscheinend hatte Herr Schönstein noch nicht angerufen. Aber Mama merkte trotzdem, dass mit ihm wirklich etwas ganz und gar nicht stimmte. Schließlich blieb Timo nichts anderes übrig, als mit der Sprache herauszurücken.

„Und da wollte ich eben sehen, ob Nico vielleicht einen anderen Freund hat. Deshalb bin ich während der Pause dort hingegangen."
Timo hatte sein „unerlaubtes Entfernen" gebeichtet.
Er fühlte sich nun beinahe erleichtert. Auch wenn ihm nun sicherlich ein Donnerwetter bevorstand.
Nur die Sache mit der Schmiererei an der Schulwand hatte er nicht erwähnt. Schließlich war er das nicht gewesen.
„Färbt das Verhalten der anderen Hauptschüler jetzt schon auf dich ab? Dir ist wohl gar nicht in den Sinn gekommen, dass das Weglaufen in der Pause verboten ist?", fragte Mama.

„Daran habe ich einfach in dem Augenblick nicht gedacht. Es tut mir auch echt leid“, murmelte Timo kleinlaut. Ob Mama nun schrecklich mit ihm schimpfen würde? Vielleicht bekam er ja Hausarrest. Oder Computerverbot. Das wäre echt bitter.

„Ich habe gar nicht gemerkt, dass dir die Trennung von Nico so viel ausmacht“, sagte Mama stattdessen. Sie hatte eine ganz sanfte Stimme dabei. Timo schaute sie verwundert an. So eine Stimme hatte Mama sonst eigentlich nie. Dann strich sie Timo über den Kopf. Normalerweise hasste er das. Aber jetzt fühlte sich Mamas Hand dort genau richtig an.
Er schluckte.
„Und welche Strafe bekomme ich jetzt dafür?“, fragte Timo mit rauer Stimme.
Seine Mutter überlegte einen Moment.
„Ich glaube, du fühlst dich im Moment sowieso schlecht genug. Da sollte ich dir nicht auch noch eine Strafe aufbrummen. Natürlich nur, wenn ich mich ab jetzt wieder auf dich verlassen kann. Darauf, dass so was nicht noch einmal vorkommt. Versprochen?“
„Versprochen!“, rief Timo erleichtert.

Damit hatte er nicht gerechnet. Ein ganz warmes Gefühl machte sich in seinem Bauch breit.
„Gut. Und weil du ja sonst nichts angestellt hast, lassen wir es dabei."
Timo rutschte unruhig auf seinem Stuhl hin und her. Natürlich hatte er sonst nichts angestellt. Aber er sollte das mit der Schmiererei an der Schulwand vielleicht doch sagen, bevor der Rektor seiner Schule anrief.
„Ich muss heute nur kurz in die Markthalle, um meinen neuen Arbeitsplan zu holen. Ich bin in spätestens zwei Stunden zurück", meinte Mama. Sie war bereits aufgestanden und auf dem Weg zur Wohnungstür.
„Zu spät", dachte Timo.

11

Als Timo an seinem Schreibtisch vor den Hausaufgaben saß, war das gute Gefühl von vorhin komplett verflogen. Er musste ständig daran denken, dass er nachher noch zum Hausmeister der Realschule musste. Mist! Deswegen würde er Mama schon wieder anschwindeln müssen, falls sie nachher vor ihm wieder zu Hause war. Oder sollte er ihr doch
die Sache mit der Schmiererei erzählen? Aber dann würde Mama vielleicht glauben, dass er es wirklich war. Weil er ja schließlich nicht gleich mit der Sprache herausgerückt hatte.
Timo kaute an seinem Füller herum. Dann klappte er sein Englischheft zu. Er steckte es in seine Schultasche. Dabei fiel sein Blick auf sein Handy, das am Tischrand lag. Er zog es heran. Der Akku war immer noch leer. Timo wühlte in seiner Schreibtischschublade nach dem Ladekabel. Es steckte das Handy an und schob den Stecker in die Steckdose. Er hatte es vor vier Wochen von seiner Oma zum Geburtstag bekommen. Ein echt tolles Teil. Nico war ganz

neidisch gewesen. Weil er nur so ein altes Ding hatte. Das reichte gerade so zum Telefonieren und Simsen. Aber es hatte noch nicht mal eine Kamera. Timo schüttelte wütend den Kopf. An Nico zu denken, machte ihn richtig sauer. Timo griff nach einem Schmierzettel und riss ihn in lauter kleine Fetzen.

Timo zuckte zusammen, als das Telefon klingelte. Bestimmt war das Herr Schönstein.
Ob er einfach nicht drangehen sollte? Aber wenn es doch jemand anderer war? Er schlich in den Flur und griff vorsichtig nach dem Hörer. Seine Finger zitterten etwas, als er auf die Taste zum Abheben drückte.
„Hallo?“, meldete er sich mit kratziger Stimme.
„Hallo, hier ist Oma. Ich wollte fragen, ob du Lust hast, heute Nachmittag bei mir vorbeizukommen. Meine Nachbarin hat die Fußballschuhe von ihrem Sohn hiergelassen. Du kannst sie haben.“
„Super!“, freute sich Timo. Für einen Augenblick hatte er die falsche Beschuldigung ganz vergessen. Seine Sportschuhe gingen schon aus dem Leim. Obwohl er Mama nun schon seit Woche vorjammerte, dass er neue brauchte,

meinte sie immer nur: „Die gehen noch. Wir können uns doch nicht alle drei Monate neue Fußballschuhe für dich leisten."
Dann fiel ihm wieder ein, dass er heute Nachmittag ja schon etwas anderes vorhatte. Aber wenn er zuerst bei Oma vorbeiging? Dann könnte er Mama später davon erzählen und hätte eine tolle Ausrede. Und vielleicht hatte ja bis dahin Herr Schönstein niemanden bei ihm zu Hause erreicht.
„Ich bin in einer halben Stunde bei dir", versprach Timo. Er schnappte sich sein Handy. Auf der Anzeige für den Akku konnte er immerhin wieder einen Strich erkennen. Er steckte es in die Hosentasche und rannte los.

Timo saß ganz an der Kante von Omas altem Sofa. Er schlüpfte schnell in die Fußballschuhe. Sie passten wunderbar.
„Danke", sagte Timo. Er stopfte die Schuhe in die Tüte, die Oma ihm hinhielt.
„Willst du noch ein Eis?", fragte Oma.
Timo schüttelte den Kopf. Er schielte auf seine Armbanduhr. Höchste Zeit. Er musste los. Bestimmt wartete der wütende Hausmeister schon ungeduldig auf ihn. Während Timo daran

dachte, bekam er ein komisches Kribbeln im Bauch. Nicht so, wie wenn man sich auf etwas freute. Nein, dieses Kribbeln war mehr ein Brennen und Stechen. Timo schluckte.
„Du hast Sorgen", stellte Oma fest. Sie ließ sich neben Timo auf das Sofa plumpsen.
Timo zuckte mit den Schultern. Aber das sah Oma gar nicht.
„Wenn man Probleme hat, muss man etwas dagegen tun. Seinen Kopf in den Sand zu stecken, nutzt nichts", meinte Oma.
Timo nickte. Oma war wirklich nett. Sie versuchte immer, ihn zu verstehen. Aber leider halfen ihre Sprüche jetzt auch nicht weiter.
Timo stand auf und verabschiedete sich.
An der Tür drehte er sich noch einmal um.
„Bist du schon einmal wegen etwas beschuldigt worden, das du gar nicht getan hast?", fragte Timo.
Oma sah ihn nachdenklich an. Dann nickte sie.
„Ja, als ich noch ein Kind war. Da hatte Hermann aus meiner Klasse behauptet, ich hätte seinen neuen Füller gestohlen."
„Und was hast du dann gemacht?", fragte Timo neugierig.
„Ich habe vor der ganzen Klasse die Geschichte erzählt und alle gefragt, ob sie etwas gesehen

hätten. Dabei hatte ich große Angst davor, vor allen zu reden. Aber meine Freundin Ulrike hat sich neben mich gestellt. Am Ende hat ein anderer Schüler sich gemeldet und behauptet, im Flur neben der Tür hätte ein Füller gelegen. Ja, und das war dann wirklich der Füller von Hermann. Er hatte ihn einfach nur verloren."
Timo nickte. Da hatte Oma Glück gehabt. Vor allem, weil ihre beste Freundin zu ihr gehalten hatte.
„Du bist ein kluger Junge. Bestimmt wirst du eine Lösung für dein Problem finden."
Mit diesen Worten verabschiedete sich Oma von ihm.

12

Nach drei Haltestellen war Timo bei den Schulen angekommen. Nachmittags war er noch nie dorthin gefahren. Auf dem Weg zur Realschule begegneten ihm nur wenige Schüler. Vielleicht welche, die besonders lange Nachmittagsunterricht hatten. Ober nachsitzen mussten. Mit schweren Schritten schlurfte er in Richtung Realschule. Es dauerte eine Ewigkeit, bis er endlich vor dem Schulgebäude stand.

Er blickte sich um. Vom Hausmeister war nichts zu sehen. Er bog ganz langsam um die eine Ecke des Schulhauses. Plötzlich blieb er stehen. Da war es also.

„Realschüler sind dähmlich!“, stand dort mit dicken roten Buchstaben. Timo sah sich weiter um. Am Ende der Hausmauer entdeckte er eine Tür. Daneben stand ein Schild.

„Hausmeister Bernd Reuter“ stand darauf.

Plötzlich hörte er Stimmen. Hinter ihm unterhielten sich zwei Jungen.

„Los!“ Timo befahl seinen Beinen, sich endlich zu bewegen.

Er flitzte zur Mauer an der Seite des Schulhofes und duckte sich dahinter.

„War eine echt coole Aktion, Alter!", wisperte jemand. Der andere kicherte albern. Timo spähte über die Mauer. Fabian und Tim! Was machten die denn hier? Der Nachmittagsunterricht war bestimmt längst vorbei. Timos Herz hämmerte wie verrückt.
„Und die glauben, dass der kleine Hosenscheißer aus der Hauptschule es war", lachte dieser Tim.
Timo konnte kaum glauben, was er da hörte. Fabian und Tim hatten die Wand ihres eigenen Schulhauses beschmiert. Und sie freuten sich, dass man ihm die Schuld dafür gab.
Timo spannte seine Muskeln an. Er wollte zu den beiden hinlaufen. Und ihnen die Meinung sagen. Aber gegen die beiden wäre er machtlos. Timo überlegte verzweifelt, was er tun könnte. Dabei spähte er weiter über den Mauerrand. Die Tür vom Hausmeister öffnete sich. Herr Reuter trat heraus und warf Fabian und Tim einen misstrauischen Blick zu.
„Was macht ihr hier? Verschwindet!", knurrte er. Fabian und Tim grinsten und schlenderten weiter.

Da fiel Herrn Reuter noch etwas ein.
„Habt ihr so einen Kleinen aus der Hauptschule gesehen? Der soll sich bei mir melden."
Timo sah, wie Fabian und Tim noch breiter grinsten. Dabei schüttelten sie ihre Köpfe.

„Na, der kann was erleben. Erst Wände beschmieren und sich dann vor der gerechten Strafe drücken", brummte der Hausmeister ärgerlich. Er ließ seinen Blick über den Schulhof schweifen. Timo presste sich leise keuchend an die Mauer. Als er eine Tür zufallen hörte, zählte er langsam bis 100. Erst dann schielte er wieder über den Mauerrand. Der Schulhof war leer. Was sollte er jetzt bloß machen? Wenn Nico jetzt hier wäre, könnten sie gemeinsam überlegen. Timo könnte jetzt wirklich einen echten Freund brauchen. Aber war Nico wirklich noch sein Freund? Timo fischte zögernd sein Handy aus der Hosentasche. Er tippte.
„Bin bei Schule. Hast du Zeit?" Mehr fiel ihm nicht ein. Dann drückte er auf „Senden".

Timo hatte sich hinter die Mauer auf den Boden gesetzt und grübelte vor sich hin.

Dort saß er nun schon eine gefühlte Ewigkeit. Von Nico hatte er keine Antwort bekommen. Sollte er zum Hausmeister gehen? Und ihm erzählen, was er gerade gehört hatte? Aber der war so wütend auf ihn, dass er ihm bestimmt kein Wort glauben würde.
Plötzlich erschrak Timo. Über ihm tauchte ein Schatten auf. Nico. Die beiden Jungen sahen sich schweigend an.
„Ich habe gehört, dass du unsere Schule verschönert haben sollst", brach Nico das Schweigen. Er zeigte grinsend mit einer Hand über die Mauer hinweg zum Schulhaus.
Blöde Witze konnte Timo jetzt nicht auch noch gebrauchen. Trotzdem versuchte er, zu lächeln. Er war wirklich sehr erleichtert, Nico zu sehen.
„Ich meine, das warst du natürlich nicht. Wusste ich ja sofort", redete Nico weiter.
„Du hast dich in den letzten Tagen zwar ein bisschen komisch benommen. Aber darum beschmierst du doch nicht gleich irgendwelche Wände."
„Aber die anderen glauben das", stieß Timo verzweifelt hervor.
„Ich weiß. Bei uns an der Schule warst du heute Gesprächsthema Nummer eins."
Timo stöhnte.

„Aber ich kenne dich doch. So einen Scheiß würdest du doch niemals machen."
Nico stellte sich auf seine Zehenspitzen und schielte zur Wand des Schulgebäudes hinüber.
Dankbar lächelte Timo Nico an.
„Und außerdem: Du bist mein Freund. Darum weiß ich, dass du zwar schlecht in Mathe bist. Aber in Deutsch warst du immer besser als ich. Du würdest niemals ‚dähmlich' schreiben. Mit ‚h', meine ich."
Die Begründung leuchtete Timo ein. Er grinste Nico an. Aber nicht nur deswegen, weil Nico glaubte, dass er unschuldig war. Sondern vor allem deshalb, weil Nico ihn als seinen Freund bezeichnet hatte.

„Fabian und Tim waren es", platzte Timo heraus.
Nico runzelte die Stirn.
„Hab' ich mir irgendwie gedacht. Die haben dich ja auch im Bus angepöbelt. Außerdem sind sie auch beim Fußballspielen immer ziemlich fies und gemein. So eine Aktion passt zu ihnen. Dann ist ja alles klar, oder?"
„Nichts ist klar", antwortete Timo verzweifelt.
„Ich kann doch nicht einfach zu Herrn Reuter spazieren und ihm sagen, dass ich unschuldig

bin. Und dass er lieber Fabian und Tim schnappen soll."
„Warum denn nicht?", wollte Nico wissen.
„Weil der so schrecklich wütend auf mich ist. Der würde mir doch gar nicht glauben."
Nico kratzte sich am Kopf.
„Hast du heute noch etwas vor?", fragte er schließlich.
Was hatte sich Nico denn jetzt ausgedacht?
Timo schüttelte den Kopf.
„Ich weiß, wo Fabian und Tim sich herumtreiben. Die treffen sich immer heimlich hinter dem Vereinshaus vom FC Grossbach. Zum Rauchen und so."
Nico grinste breit.
„Letztes Jahr haben wir doch immer diese komischen Krimis auf DVD geguckt. Kannst du dich noch an die blöden Kommissare erinnern? Jetzt können wir mal zeigen, wie man so was richtig macht. Lass uns den beiden mal auf den Zahn fühlen."
Timo strahlte Nico an.
„Du würdest mir dabei helfen?", fragte er begeistert.
„Na, was denkst du denn?", fragte Nico zurück.
„So eine Gelegenheit lass ich mir doch nicht entgehen!"

Er boxte Timo mit seinem Ellbogen freundschaftlich in die Seite.

13

Vorsichtig schlichen Timo und Nico am hohen Zaun des Sportgeländes entlang. Den Weg von der Schule bis hierher waren sie gelaufen. Dazu brauchten sie sonst mindestens eine halbe Stunde. Aber heute hatten sie es in der Hälfte der Zeit geschafft. Timo wischte sich den Schweiß von der Stirn.
„Pst, dort drüben!", wisperte Nico. Er zog Timo schnell hinter einen Baum.
Timo sah in einiger Entfernung das Vereinshäuschen des FC Grossbach. Dort waren die Umkleiden und ein kleiner Kiosk. Natürlich kannte Timo das Häuschen gut. Aber der Trampelpfad war ihm bisher noch nicht aufgefallen.
Er starrte angestrengt zum Vereinshaus. Auf dem Rasen konnte man immer wieder Schatten erkennen. Hinter dem Haus musste jemand sein.
„Jetzt geht es los, Kommissar Timo."
Nico hob verschwörerisch seine rechte Hand. Und Timo klatschte sie ab. Ganz leise, um sich nicht zu verraten.
Die beiden schlichen los.

Am Häuschen angekommen, blickte sich Timo hektisch über die Schultern. Niemand da. Nico fing seinen Blick auf. Er deutete mit dem Kinn zum Ende der Mauer. Timo drückte sich an die Hauswand und schob sich Schritt für Schritt nach vorne. Nico war direkt hinter ihm. Als sie an der Ecke angekommen waren, hielten beide die Luft an. Es roch nach Zigaretten. Zwei Stimmen waren deutlich zu hören.
„Mann, ich mach' mir vor Lachen gleich in die Hosen", japste die eine. Sie gehörte Fabian.
„Ich werde Graffiti-Künstler", prahlte Tim.
„Spinnst du? Bloß weil du eine Spraydose in der Hand halten kannst, bist du noch lange kein Künstler", stichelte Fabian.
Timo konnte einen dumpfen Schlag hören. Wahrscheinlich hatte Tim diesen Fabian geboxt.
„Blödmann", keuchte Fabian.
„Gut, dass du im Bus den Namen von diesem Hosenscheißer aufgeschnappt hast. War echt einfach, den beim Reuter anzuschwärzen", lachte Tim.
„Ja, ein gelungener Denkzettel für den Kleinen. Der wird ab sofort sein Maul nicht mehr so weit aufreißen", brüstete sich Fabian.
„Der alte Reuter kommt nie drauf, dass wir diesen Gruß hinterlassen haben", überlegte Tim.

„Und das Sprayen war auch eine coole Nummer“, ergänzte Fabian.
„Was besprühen wir als Nächstes?“, wollte Tim wissen.

Timo sah Nico fragend an. Was sollten sie jetzt machen? Sie hatten zwar das Gespräch gehört, konnten aber noch lange nichts beweisen. Nico kratzte sich an der Stirn. Dann tippte er sich dagegen. Er hatte eine Idee. Mit seinen Händen formte er ein Telefon und zeigte zu Timo. Der verstand nicht, was Nico wollte. Darum nahm Nico beide Hände zu Hilfe. Er machte eine Bewegung, als wenn er mit einer Kamera ein Foto machen wollte. Jetzt kapierte Timo endlich. Natürlich! Er zog vorsichtig sein Handy aus der Hosentasche. Er warf einen Blick auf das Display. Bei der Akkuanzeige leuchtete immer noch ein Strich auf. Das Handy war auf „lautlos“ eingestellt.
Timo hielt das Handy vorsichtig mit einer Hand um die Ecke. Dabei zitterte er so stark, dass ihm das Gerät beinahe aus der Hand gefallen wäre. Nico klopfte ihm leise und beruhigend auf die Schulter. Die Kamera lief. Was Timo aufnahm, konnte er nicht sehen. Dazu hätte er selbst um

die Ecke gehen müssen. Aber dann wären sie natürlich von Fabian und Tim entdeckt worden. Timo hoffte, dass man etwas auf seinen Aufnahmen erkennen konnte. Nico stand immer noch hinter ihm. Dann knackste es plötzlich. Nico musste auf etwas getreten sein.
„Was war das denn?“, fragte Fabian. Blitzschnell zog Timo sein Handy an sich. Er rempelte Nico hastig an.
„Hey, da ist wer!“, schrie Tim.

Timo und Nico rannten. So schnell waren sie noch nie in ihrem ganzen Leben gelaufen.
„Hey, bleibt stehen, ihr kleinen Spione!“, schrie Fabian.
„Los, die schnappen wir uns!“, brüllte Tim.
Aber da hatten Timo und Nico schon einen Vorsprung. Hinter ihnen keuchten Fabian und Tim. Sie waren nahe an ihnen dran. Aber Timo und Nico hatten einfach mehr Puste. Vielleicht war es auch der Schreck, der sie so schnell laufen ließ.
„Bleibt stehen, ihr kleinen Ratten!“, schrie Fabian hinter ihnen.
„Wenn wir euch erwischen, gibt’s Ärger!“, keuchte Tim.

Timo und Nico rannten einfach weiter.
Und die beiden hatten Glück. Als sie an der Albertstraße ankamen, schloss der Bus Nummer vier gerade die Tür. Doch der Busfahrer hatte Timo und Nico bemerkt. Er öffnete noch einmal die Tür.
„Jetzt aber schnell", begrüßte er sie freundlich.
Der Bus fuhr los. Direkt an Fabian und Tim vorbei, die sich außer Atem am Schild der Bushaltestelle festhielten.
Timo sah aus dem Fenster. Dann ließ er sich ebenso atemlos auf einen Sitz fallen. Nico warf sich neben ihm auf den Platz. So wie es sich für Freunde gehörte. Timo hob seine Hand, und Nico klatschte sie ab.

14

Timo und Nico hatten immer noch Schweißperlen auf der Stirn, als sie an der Schule ankamen. Sie kletterten aus dem Bus und machten sich auf den Weg zu Herrn Reuter.
„Denkst du, der Film auf dem Handy reicht als Beweis?“, fragte Timo.
„Lass doch mal sehen, was du überhaupt aufgenommen hast“, meinte Nico.
Timo blieb stehen und zog sein Handy aus der Tasche. Er drückte auf eine Taste. Nichts! Nervös drückte Timo weiter auf der Tastatur herum. Hektisch blickte er zwischen Nico und seinem Handy hin und her. Dann fiel es ihm ein.
„So ein Mist! Mein Akku ist leer“, rief Timo entsetzt.
Nico sah ihn mit großen Augen an.
„Und was jetzt?“, fragte er zögernd.
Timo kratzte sich am Kopf.
„Wir fahren zu dir und holen das Ladekabel“, schlug Nico vor.
„Aber der nächste Bus kommt doch erst in einer halben Ewigkeit. Wir könnten meine Mama fragen, ob sie herkommt.

Hast du dein Handy dabei?", fragte er Nico. Dieser nickte und hielt ihm sein Telefon hin. Mit klopfendem Herzen wählte Timo die Nummer seiner Mutter. Hoffentlich war sie schon zu Hause.

„Herrgott, wo bist du? Ich habe mir Sorgen gemacht. Oma hat angerufen und erzählt, du wärst bei ihr gewesen. Sie glaubt, du steckst in irgendwelchen Schwierigkeiten. Und sie meinte, du bist schon vor zwei Stunden bei ihr aufgebrochen."

Timo bekam ein furchtbar schlechtes Gewissen, als er die aufgeregte Stimme seiner Mutter hörte. Sie ließ sich kaum unterbrechen.

„Jetzt hör mir doch mal zu", flehte Timo.

Dann versuchte er, in wenigen Worten alles zu erklären.

„Du musst unbedingt kommen. Bitte! Und bring mein Ladekabel mit."

„Also, das hört sich alles ziemlich wirr an", zögerte Mama.

„Bitte, ich brauche deine Hilfe", bat Timo mit schwacher Stimme.

„Na gut. Ich komme, so schnell ich kann", versprach Mama.

Erleichtert atmete Timo auf.

„Gehen wir schon mal zu Herrn Reuter?", fragte Nico. Timo nickte.

Zögernd drückte Timo auf den Klingelknopf beim Hausmeister. Laute Schritte stampften drinnen auf den Boden. Dann wurde die Tür aufgerissen. Herr Reuter baute sich im Türrahmen auf und sah die beiden Jungen fragend an.
„Guten Tag, Herr Reuter. Ich bin Timo Uhlstein", stotterte Timo und wurde vor Aufregung ganz rot.
„Na endlich. Ich dachte schon, du drückst dich vor der Strafe. Ich finde es eine Unverschämtheit, dass du erst jetzt ankommst. Für das Beschmieren der Hauswand hast du dir schließlich auch Zeit genommen. Ihr von der Hauptschule glaubt wohl, ihr könnt euch alles erlauben. Rotzlöffel!", knurrte Herr Reuter bedrohlich.
Dabei stemmte er seine Hände in die Seiten und kniff seine Augen zusammen. Er wirkte richtig bedrohlich.
„Aber Timo war es doch gar nicht. Und Hauptschüler sind nicht immer an allem schuld", mischte sich Nico ein.
Der Blick von Herrn Reuter verfinsterte sich. Darum klappte Nico seinen Mund schnell wieder

zu und blickte verlegen zur Seite. Timo nahm seinen ganzen Mut zusammen und begann, zu erzählen.

„Was soll das bedeuten?", brüllte Herr Reuter. Timo zupfte verzweifelt an seinem rechten Ohr. Mutig hatte er versucht, dem Hausmeister alles zu erklären.
Aber er hörte ihm einfach nicht richtig zu. Und seine Wut wurde immer größer.
„Moment!", rief plötzlich eine atemlose Stimme. Mama! Endlich! Timo hatte sich schon lange nicht mehr so gefreut, seine Mutter zu sehen. Und sie war nicht alleine. Hinter ihr tauchte Kadir auf. Was machte der denn hier? Aber Timo hatte keine Zeit, sich darüber zu wundern.
„Wo ist dein Handy? Können wir es an einer Ihrer Steckdosen aufladen?", wandte sich Mama an Timo und Herrn Reuter. Der Hausmeister sah Timos Mutter überrascht an. Dann wurde er freundlicher. Er zog die Tür ganz auf und deutete in den Flur.
„Hier entlang", brummte er kopfschüttelnd. Während alle eintraten, rempelte Kadir Timo freundschaftlich an.
„Wer ist das denn?", raunte Nico Timo zu.

Timo überlegte einen Augenblick.
Dann flüsterte er zurück: „Ein Freund aus meiner Klasse."

Sobald das Handy mit dem Ladekabel in der Steckdose steckte, drückte Timo auf „on".
Timo suchte im Menü nach der Videodatei.
Während er auf dem Display herumdrückte, meinte Mama: „Kann mir jetzt mal jemand langsam erklären, was hier eigentlich genau los ist?
Timo fing an, zu erklären. Und Nico unterstütze ihn dabei. Jetzt hörte auch Herr Reuter aufmerksam zu.
„Dann bin ich aber mal gespannt", meinte er, als Timo geendet hatte.
Er deutete mit dem Kinn in die Richtung von Timos Handy.
„Lass mal sehen."
Aufgeregt hielt Timo sein Handy hoch und drückte auf „play". Ihm war ganz schlecht.
Was, wenn gar nichts zu sehen und zu hören war? Timo biss sich auf die Unterlippe, als er den Film startete. Auf dem Display sah man den Bauch von zwei verschwommenen Gestalten. Timo stellte den Ton lauter.

„Der alte Reuter kommt nie drauf, dass wir diesen Gruß hinterlassen haben“, hörte man Tim klar und deutlich sagen. Timo sah, wie Herr Reuter seine Hände zu Fäusten ballte.

Als der kurze Film zu Ende war, schaute Timo den Hausmeister unsicher an. Herr Reuter schwieg. Dann räusperte er sich.
„Du hast also die Wahrheit gesagt. Dann muss ich mich wohl bei dir entschuldigen. Weil ich dich falsch verdächtigt habe.“
Timo nickte dankbar.
„Und die beiden Bürschchen werde ich mir gleich vorknöpfen. Die sind hier an der Realschule ja bekannt. Ich dachte immer, wenn es um echt üble Sachen geht, dann machen so was eben meistens Hauptschüler. Aber da habe ich mich wohl getäuscht“, fügte Herr Reuter hinzu.
„Diese Schmierer gehen jedenfalls auf die Realschule“, meinte Kadir bissig.
„Tja, mein Junge. Nicht mehr lange. Die beiden haben schon mal beinahe einen Schulverweis bekommen. Jetzt ist es bestimmt so weit.“
Herr Reuter schüttelte den Kopf.
„Die Jugend von heute ist schlecht und faul“, meinte er.

„Die Jugend von früher war auch nicht besser“, mischte sich Mama mit fester Stimme ein. Dann machte sie eine Handbewegung zur Tür. „Wenn jetzt alles geklärt ist, können wir ja gehen“, sagte sie bestimmt.

15

Timos Beine fühlten sich ganz leicht an, als sie sich auf den Weg zum Parkplatz machten. Dort stand Mamas Auto.
„Was machst du eigentlich hier?“, wollte Timo nun aber endlich von Kadir wissen.
„Ich wollte dich besuchen. Mein Termin beim Zahnarzt hat sich verschoben. Da dachte ich, wir könnten vielleicht heute wieder zusammen FIFA spielen. Als ich bei dir zu Hause geklingelt habe, war aber nur deine Mutter da. Sie hat mir dann erzählt, dass du verschwunden bist“, erklärte Kadir.
„Ich habe Kadir gebeten, mit zur Schule zu fahren. Weil er weiß, wo ich den Hausmeister der Realschule finde“, erklärte Mama weiter.
„Du hättest mir gleich die ganze Wahrheit erzählen sollen“, meinte sie vorwurfsvoll.
Timo zog schuldbewusst seinen Kopf ein.
„Es tut mir sehr leid. Ich wollte nicht, dass du dir Sorgen machst“, entschuldigte sich Timo leise.
Dann hob er seinen Kopf und blickte sich in der Runde um. Mama, Kadir und Nico sahen ihn an.

„Verstehe", sagte Kadir. „Ich hätte an deiner Stelle auch die Hosen voll gehabt."
Mama kratzte sich am Kopf.
Dann nickten sie.
„Jetzt ist es für heute aber genug. Alle einsteigen."

Als Papa abends von der Arbeit kam, holte ihn Mama gleich in die Küche. Sie nickte Timo aufmunternd zu.
War eine komische Sache, wenn beide Eltern so ruhig am Tisch saßen und ihm zuhörten.
Er zögerte einen kurzen Moment. Dann erzählte er Papa, was in den letzten Tagen alles passiert war. Immer wieder wollte Papa ihn unterbrechen. Aber Mama hielt ihn zurück.
Als Timo fertig war mit seinem Bericht, schwieg Papa lange. Dann meinte er: „Na, da ist in letzter Zeit ja einiges schiefgelaufen."
„Wir haben gar nicht gemerkt, dass du Probleme hast und unsere Unterstützung brauchen könntest", sagte Mama zerknirscht.
Papa nickte.
„Da haben wir die ganze Zeit nur mit dir geschimpft, weil du den Wechsel auf eine andere Schule nicht geschafft hast. Dabei hätten wir uns einfach mehr um dich kümmern müssen."

„Dann wäre diese ganze Geschichte vielleicht gar nicht passiert", überlegte Mama.
„Herr Weidner sagt, dass man auch mit einem guten Hauptschulabschluss etwas werden kann", sagte Timo mutig.
„Ja, da hat dein Lehrer wahrscheinlich Recht", gab Papa zu. „Das hat er uns bei der Anmeldung auch gesagt. Aber eben nur, wenn die Noten stimmen. Und dabei sollten wir dich vielleicht besser unterstützen."
„Unter der Woche müssen wir beide ziemlich viel arbeiten. Das lässt sich nicht ändern", überlegte Mama.
„Aber wie wäre es, wenn wir uns immer samstags zusammensetzen. Dann könnten wir dir vielleicht helfen, wenn du etwas in der Schule nicht verstanden hast. Und über alles reden. Damit nicht wieder so eine große Sache daraus wird, wenn es mal Probleme gibt."
„Aber keine Lügen mehr", sagte Papa und sah Timo dabei fest an.
Der nickte.
Dann schwiegen erst einmal alle.
„Bekomme ich jetzt Hausarrest?", fragte Timo schließlich vorsichtig.
Papa schüttelte den Kopf. „Ich denke, wir alle haben uns falsch verhalten. Und wenn du dein

Versprechen hältst, dann vergessen wir die Geschichte einfach irgendwann."
Timo nickte erleichtert.

16

Gut gelaunt lief Timo am nächsten Morgen zur Bushaltestelle. Er sah schon von Weitem, dass Nico dort auf ihn wartete.
„Hey, Kumpel, alles klar?“, begrüßte ihn sein Freund grinsend.
Timo nickte. Dann verzog er seinen Mund.
„Aber zu Herrn Schönstein, meinem Schulleiter, muss ich noch.“
„Soll ich mitkommen?“, fragte Nico.
Timo schüttelte den Kopf.
„Wenn du meinst. Aber du erzählst mir, wie es gelaufen ist“, beharrte Nico. Natürlich würde Timo ihm jede Kleinigkeit erzählen. So wie man es eben unter Freunden macht.

Timo klopfte vorsichtig an die Tür des Schulleiters.
„Herein“, antwortete ihm die Stimme von Herrn Schönstein.
Zögernd trat Timo in das Büro. Er stopfte nervös seine Hände in die Hosentaschen. Vor dem großen Schreibtisch blieb er stehen.

Timo musterte den Schulleiter, der sich mit seinem Stuhl leicht hin und her drehte.
„Gut, dass du an unsere Abmachung gedacht hast", fing Herr Schönstein das Gespräch an. Seine Stimme war warm und freundlich.
„Ich habe mit Herrn Reuter gesprochen. Er hat mir alles erzählt."
Timo nickte erleichtert.
„Es tut mir leid, dass ich dich zu Unrecht beschuldigt habe", fuhr der Schulleiter fort. „Auch Erwachsene machen manchmal Fehler."
Timo nickte wieder.
„Schon o.k. Ich meine, es tut mir leid, dass ich in der Pause einfach abgehauen bin. Kommt nicht wieder vor", antwortete Timo mutig.
„Gut, dann ist das ja geklärt", verabschiedete sich Herr Schönstein gut gelaunt. Dann stand er auf und reichte Timo zum Abschied die Hand.

„Na, wie ist es gelaufen?", fragte Kadir. Er hatte vor der Tür des Schulleiters auf Timo gewartet. Timo streckte seinen Daumen hoch. Kadir grinste und klopfte Timo auf die Schulter. Gemeinsam gingen die beiden zur Bushaltestelle.
Am Weg, der zur Realschule führte, blieb Timo plötzlich stehen. Zwei Jungen kamen direkt auf

sie zu. Fabian und Tim! Sie schleppten einen Farbeimer und Pinsel.
„Na, wen haben wir denn da", knurrte Fabian und zeigte auf Timo. Kadir trat einen Schritt vor und stellte sich direkt vor seinen Freund.
„Lass ihn. Wir haben schon genug Ärger, du Idiot", zischte Tim.
Dann gingen die beiden wortlos weiter. Uff! Timo atmete auf. Er warf Kadir einen dankbaren Blick zu. Als Kadir lächelte, spürte Timo ein Kitzeln in seinem Bauch. Es kribbelte immer mehr. Bis Timo plötzlich anfangen musste, schrecklich zu lachen. Er hielt sich den Bauch dabei. Als er kaum noch Luft bekam, sah er, dass auch Kadir lachte.
„Was gibt es denn so Lustiges?", wollte Nico wissen. Timo und Kadir beruhigten sich langsam wieder. Sie hatten gar nicht bemerkt, dass Nico zu ihnen gekommen war.
Timo erzählte, was passiert war.
„Die lassen dich jetzt bestimmt in Ruhe", meinte Nico.
Dann gingen die drei zusammen weiter zur Bushaltestelle.
„Was ist eigentlich mit Freitag?", fiel Kadir ein. „Wir wollten uns doch zum FIFA-Spielen treffen."
Timo warf einen verstohlenen Blick zu Nico.

Nein, er wollte jetzt nicht wieder schwindeln. „Freitags haben wir immer Fußballtraining. Nico und ich. Wir spielen zusammen beim FC Grossbach", sagte Timo.
Kadir ließ enttäuscht seine Schultern hängen.
„Wie wäre es, wenn du auch mitkommst?", mischte sich Nico ein. „Wir können neue Mitspieler immer gebrauchen."
Kadir lächelte.
Und Timo nickte. Warum war ihm das nicht selbst eingefallen?

Am Freitag war es kühl, aber sonnig. Genau das richtige Wetter, um zu kicken. Der Trainer hatte sich gefreut, dass Timo und Nico einen neuen Spieler mitgebracht hatten. Und Kadir machte sich gut. Er dribbelte gekonnt um die Hütchen, die der Trainer auf dem Rasen platziert hatte. Und er gewann sogar den Sprint gegen Timo, obwohl der sonst der Schnellste von allen war. Am Ende des Trainings machten sie ein Spiel. Timo, Nico und Kadir spielten zusammen in einer Mannschaft. Nico stand natürlich im Tor. Kadir ließ mit einem Hakentrick seinen Gegenspieler stehen und passte zu Timo. Der sah sich kurz um. Zwei Gegenspieler waren noch viele

Meter von ihm entfernt. Timo hatte Platz. Er legte sich mit dem linken Fuß den Ball vor. Dann holte er aus. Mit einem kräftigen Schuss schickte er den Ball auf den Weg. Tor! Jubelnd drehte sich Timo im Kreis. Nico und Kadir kamen johlend angerannt.

„Mensch toll. Den hast du prima versenkt!", lobte Kadir.

„Hey Kumpel, im Kicken bist du echt unschlagbar", meinte Nico.

Timo grinste die beiden an. Dann legte er seine Arme um die Schultern von Nico und Kadir. Freudestrahlend gingen die drei Freunde über den Fußballplatz.

K.L.A.R.er Fall von Lesefieber!

Gecastet

Ein autobiografischer Jugendroman

Elisabeth Erl, Petra Bartoli y Eckert (Hrsg.)

Ab 13 J., 135 S., 12 x 19 cm, Paperback
ISBN 978-3-8346-0798-0
Best.-Nr. 60798
6,50 € (D)/6,70 € (A)/11,- CHF

Versteckspiel

Ein Jugendkrimi

Friederike Schmöe

Ab 12 J., 118 S., 12 x 19 cm, Paperback
ISBN 978-3-8346-0735-5
Best.-Nr. 60735
6,50 € (D)/6,70 € (A)/11,- CHF

Im Chat war er noch so süß!

Annette Weber

Ab 12 J., 95 S., 12 x 19 cm, Paperback
ISBN 978-3-8346-0065-3
Best.-Nr. 60065
5,- € (D)/5,20 € (A)/8,50 CHF

Im Chat war er noch so süß – die Fortsetzung!

Annette Weber

Ab 12 J., 95 S., 12 x 19 cm, Paperback
ISBN 978-3-8346-0885-7
Best.-Nr. 60885
5,- € (D)/5,20 € (A)/8,50 CHF

Verlag an der Ruhr
Postfach 10 22 51 | 45422 Mülheim an der Ruhr | www.verlagruhr.de
Telefon 030-89 785 235 | Fax 030-89 785 578
E-Mail: bestellungen@cornelsen-schulverlage.de

Es gelten die Preise auf unserer Internetseite.